„Die Wucht des erlebten Schicksals"

„Die Wucht des erlebten Schicksals"

Wohnungslose Menschen im St. Antoniusheim
in Bild- und Schriftporträts

Mit Bildern von Ulrich Rölfing und Texten von Reimar Bage
Herausgegeben von Johannes Hülskamp und Franz-Joseph Post

Verlag Aschendorff Münster

IMPRESSUM

© 2008 Aschendorff Verlag GmbH & Co. KG, Münster

Das Werk ist urheberrechtlich geschützt. Die dadurch begründeten Rechte, insbesondere die der Übersetzung, des Nachdrucks, der Entnahme von Abbildungen, der Funksendung, der Wiedergabe auf fotomechanischem oder ähnlichem Wege und der Speicherung in Datenverarbeitungsanlagen bleiben, auch bei nur auszugsweiser Verwertung, vorbehalten. Die Vergütungsansprüche des § 54 Abs. 2 UrhG werden durch die Verwertungsgesellschaft Wort wahrgenommen.

Gesamtherstellung: Aschendorff Druck und Dienstleistungen GmbH & Co. KG, Druckhaus Ascnendorff, Münster

ISBN 978-3-402-12765-0

Vorwort

„Menschen mit sozialen Schwierigkeiten und in besonderen Lebensverhältnissen" werden sie in der Sprache der Sozialämter genannt. Wir kennen sie als Obdachlose oder Wohnungslose. Früher hießen sie Wanderarbeiter, „Nichtsesshafte" oder auch Vagabunden, um nur die weniger diskriminierenden Bezeichnungen zu nennen.

Wie auch immer sie bezeichnet werden, es sind Mitmenschen und Mitbürger, die aus sehr unterschiedlichen Gründen auf ihrem Lebensweg den Anschluss an den *mainstream* verloren haben. Schicksalsschläge spielen hierbei eine Rolle, Suchterkrankungen und Unfälle, der Verlust des Arbeitsplatzes oder der Wohnung, der nicht vorhandene Schul- oder Berufsabschluss, eine Scheidung und die Trennung von den Kindern, Verschuldung oder schlicht das Unvermögen in unserer leistungsorientierten und auf Produktivität getrimmten Gesellschaft mitzuhalten.

Sie erfahren Ausgrenzung und Diskriminierung. Manche von ihnen „machen Platte", leben also als Obdachlose auf der Straße, erfahren Beleidigungen und Gewalt und sind auf öffentlichen Plätzen nicht wohlgelitten. Und jeden Winter gibt es Nachrichten von Obdachlosen, die erfroren sind.

Sie rufen aber auch eine diffuse Angst in uns hervor. Sie erscheinen fremd. Ihre bloße Existenz ist eine ständige Mahnung an die Glücklicheren, dass ihr Glück nicht von Dauer sein muss. Dagegen wappnen wir uns mit Formulierungen wie „Sozialschmarotzer" oder auch mit dem Hinweis, dass sie faul sind, dass sie nur arbeiten müssten, dann würde es ihnen schon besser gehen. So reden wir uns ein, dass sie ganz anders sind als wir, dass uns so etwas nie geschehen könnte.

Als Bürger und Bürgerinnen haben wohnungslose Menschen einen Rechtsanspruch auf Unterstützung. Dieser Rechtsanspruch ist eine der großen Errungenschaften unserer Verfassung und unserer Sozialgesetzgebung. Das war nicht immer so. Vor hundert Jahren drohte den Wanderarbeitern und Vagabunden Gefängnis und Zuchthaus, und während der Nazi-Herrschaft wurden die „Nichtsesshaften" zu Tausenden verfolgt, in Konzentrationslager gesperrt und getötet.

Als der Verein für katholische Arbeiterkolonien in Westfalen 1888 ins Leben gerufen wurde, war es die Absicht der Gründer, diesem Kriminalisierungsgedanken nicht zu folgen. Nicht nach Schuld, sondern nach Not wurde gefragt und wie ihr abzuhelfen sei. „Not sehen und handeln", dieser Grundsatz der Caritas trieb engagierte Bürger und Geistliche unterstützt durch die westfälischen Bischöfe dazu, den Verein für katholische Arbeiterkolonien in Westfalen zu gründen. Wohnungslosen Menschen und anderweitig Bedürftigen sollte in so genannten Arbeiterkolonien geholfen und eine Perspektive für die Zukunft vermittelt werden.

Arbeiterkolonien entstanden an der Wende zum 20. Jahrhundert überall in Deutschland. Sie sollten den Bedürftigen ohne Ansehen der Person eine Unterkunft, Nahrung und weitere Unterstützung bieten. Als Gegenleistung wurde von den Bewohnern erwartet, dass sie im Rahmen ihrer Fähigkeiten zum Unterhalt der Einrichtungen beitrugen.

Der Gedanke, dass ein Almosen den Geber ehrt, den Empfänger aber auch seiner Würde berauben kann, wenn ihm keine Gelegenheit zur Gegenleistung gegeben wird, spielte hierbei eine ausschlaggebende Rolle.

Das St. Antoniusheim in Vreden, das in diesem Jahr sein 100-jähriges Bestehen feiert, entstand aus diesem Geiste. Seitdem hat es vielfältige Veränderungen gegeben – nicht nur im Gebäudebestand. Sozialarbeiter, Arbeitsanleiter und Pflegekräfte, um nur einige Professionen zu nennen, begleiten heute die Menschen auf ihrem Weg im St. Antoniusheim und auf ihrem Weg in ein neues Leben außerhalb der

Einrichtung. Stand vor hundert Jahren die „Beheimatung" in der Arbeiterkolonie und patriarchalische Fürsorge im Vordergrund, so wird heute nach Wegen gesucht, den Betroffenen zu helfen, ein selbständiges Leben zu führen. So ist das St. Antoniusheim für manche nur eine Station auf ihrem Lebensweg, den sie außerhalb der Arbeiterkolonie fortführen. Nach wie vor aber gibt es auch Menschen, die sich in der Einrichtung eine neue Heimat schaffen, in der sie ihr Leben gestalten wollen.

Geblieben ist bei alledem die Mitwirkung in den vielfältigen Arbeitsbereichen. In der Gärtnerei oder in der Metallverarbeitung helfen Bewohner ebenso mit wie im Bullenstall oder bei der Ernte in der Landwirtschaft. Sie arbeiten in der Küche oder in der Haustechnik. Und sie tragen durch ihren freundlichen Service entscheidend dazu bei, dass die Cafeteria des St. Antoniusheims ein beliebtes Ausflugsziel ist. Manchmal ist der Beitrag, den der Einzelne leisten kann, nur gering und doch gilt: Ohne ihre Mitwirkung, das wissen die Bewohner genau, würde es das St. Antoniusheim nicht geben. Die Bewohner tragen durch ihr Tun zum Bestand und zum Unterhalt der Einrichtung bei. Das Leben erhält so eine Struktur, einen Sinn und das Gefühl, gebraucht zu werden.

„DIE WUCHT DES ERLEBTEN SCHICKSALS"

Ein Jubiläum, insbesondere ein 100-jähriges, ist häufig Anlass für feierliche Rückblicke und Festschriften, in denen viele zu Wort kommen, nur die Betroffenen nicht. Bewusst geht der Verein für katholische Arbeiterkolonien als Träger des St. Antoniusheims diesen Weg nicht. Vielmehr sollen die Menschen im St. Antoniusheim zu Wort kommen. Ihnen soll Gelegenheit gegeben werden, ihre Lebensgeschichte sehr subjektiv und in ihrer Perspektive zu erzählen.

Soziale Ausgrenzung macht sich nicht zuletzt darin bemerkbar, dass die Betroffenen nicht mehr gehört und gesehen werden, dass sie stumm werden. Dem will der vorliegende Band und die ihn begleitende Ausstellung entgegenwirken. Er versammelt gemalte und geschriebene Porträts von Bewohnern des St. Antoniusheims und des angeschlossenen St. Antonius-Altenpflegeheims. Den blinden und stummen Flecken der sozialen Ausgrenzung will er Bild und Wort entgegenstellen.

Dass dies Not tut, zeigt die große Bereitschaft von Bewohnern dem Hamburger Künstler Ulrich Rölfing Modell zu sitzen und dem Münsteraner Journalisten Reimar Bage ihre Sicht auf ihr Leben zu erzählen. Im Zusammenspiel von Bewohner, Künstler und Journalist sind so 17 von den Dargestellten autorisierte Porträts entstanden, die von Hoffnungen und Enttäuschungen, von Neuanfängen und von Scheitern, von Ruhelosigkeit und vom Finden der Ruhe zeugen. Vor allem aber zeugen die Porträts bei allen Unterschieden von Menschen – von Menschen wie Du und ich.

Münster, am Tag des Heiligen Antonius,
des Schutzpatrons der Armen,
im Jahr des Herrn 2008

Für den Verein für katholische Arbeiterkolonien in Westfalen

Johannes Hülskamp	Dr. Franz-Joseph Post
Vorsitzender	Geschäftsführer

Gerhard A.
Jahrgang 1944
Gärtnerei
Seit 2004 im St. Antoniusheim

„Das ist hier ein Glücksfall"

„DAS IST HIER EIN GLÜCKSFALL"

Hinter dem 63-jährigen gelernten Metzger aus Bocholt liegt ein bewegtes Leben. Es war nicht nur von zwei gescheiterten Beziehungen geprägt, sondern auch von dem Problem „Alkohol", das er offen zugibt und das ihn immer wieder in Schwierigkeiten gebracht hat. Aus der ersten Ehe, 1966 standesamtlich geschlossen, gibt es zwei Jungen. Diese Verbindung hielt aber nur drei Jahre. Später, in den 80er-Jahren fand Gerhard eine neue Lebensgefährtin, mit der er zehn Jahre zusammenlebte und vier Kinder hatte. Zu dieser Frau hat er auch heute noch Kontakt.

„Der totale Absturz kam, als meine Mutter im Jahr 2001 starb", berichtet Gerhard A. freimütig. Heute sieht er auch ein, dass es ein Fehler war, eine Langzeittherapie nicht anzutreten. Gleichzeitig aber ist er seit seinem Einzug in das St. Antoniusheim in Vreden zu der Erkenntnis gekommen, dass eine Rückkehr in seine Heimatstadt Bocholt auch ein Zurück in den alten Teufelskreis der Alkoholsucht bedeuten würde. Inzwischen, so ist er überzeugt, hat er das Problem im Griff.

In Vreden fand er eine sinnvolle Beschäftigung in der Gärtnerei, lobt seinen „Super-Chef" und berichtet stolz von einem neuen Hobby: „Ich halte zehn Hühner und habe somit immer frische Eier". Da Gerhard A. neben der Metzger- auch noch eine Kochausbildung gemacht hat, nutzt er gerne seine Kochgelegenheit, um sich ab und zu etwas zu brutzeln. Dieses Stückchen Freiheit schätzt der 63-Jährige ebenso wie das vielfältige Angebot des Antoniusheims, das es für die Bewohner neben dem normalen Tagesablauf gibt. Dazu gehören Tagesfahrten, Feiern und die 18 Tage „Urlaub" im Jahr.

So verwundert es nicht, wenn Gerhard A. das Leben in der Arbeiterkolonie als „Glücksfall" bezeichnet. Er kann aus eigener Erfahrung nur jedem raten, sich um die Unterbringung in einer solchen Einrichtung zu bemühen. Und er fügt schmunzelnd hinzu: „Ich hätte selbst nicht gedacht, dass ich es so lange aushalten würde im Antoniusheim."

Wolfgang B.
Jahrgang 1960
Küche
Seit 2003 im St. Antoniusheim

Ein unruhiger Geist

EIN UNRUHIGER GEIST

Der gebürtige Recklinghauser schätzt sich schon richtig ein: „Ich bin ein unruhiger Geist, ein umtriebiger Mensch." Und so einer findet in der Stille und Abgeschiedenheit von Vreden Frieden mit sich und der Welt? Nun, wohl nicht ganz.

Mit nicht zu überhörender Selbstironie bezeichnet sich Wolfgang B. als „dummen Hauptschüler", der nach dem Schulabschluss Handelsfachpacker geworden ist – eine Mischung aus Einzelhandelskaufmann und Lagerist. Gelernt hat er bei Thyssen-Schulte, einem Sanitärfachhändler, dann wechselte er die Branche und landete bei Metro. Nach 15 Monaten Wehrdienst entdeckt er homosexuelle Neigungen und gerät danach „in schlechte Kreise", wie er seinen weiteren Lebensweg beschreibt. Im Milieu erkrankt er an Tablettenabhängigkeit und Kaufsucht, was letztlich dazu führte, dass Wolfgang in eine Schuldenfalle geriet. „Damals", so erzählt er heute, „waren immer die anderen Schuld an meiner Misere." Es folgten nicht nur psychiatrische Behandlungen, sondern auch das Treffen eines alten Freundes in Düsseldorf – „der größte Fehler meines Lebens" –, der ihn missbraucht und geschlagen haben soll. Das Ganze musste in einer dreijährigen psychiatrischen Behandlung verarbeitet werden, was aber letztlich nicht verhinderte, dass Wolfgang B. noch einmal an falsche Freunde geriet: Diesmal so genannte „Charismatiker", von ihm als „christlich Bekloppte" charakterisiert, die ihn dazu bewegen wollten, Homosexuelle zu Heterosexuellen zu bekehren.

Da Wolfgang B. per Zufall in dieser Zeit seine ältere Schwester wieder traf, gelang es ihm, sich aus der Szene zu befreien. Allerdings nicht ohne Komplikationen, wie ein Selbstmordversuch und ein – aus seiner Sicht als „Hilferuf" begangener – Diebstahl in einer Wohngruppe der Arbeiterwohlfahrt beweisen. Eine erneute, freiwillige psychiatrische Behandlung brachte schließlich die Wende: Wolfgang wurde ins St. Antoniusheim vermittelt. Es war eine eineinhalbjährige Eingewöhnung notwendig, aber dank eines Sozialarbeiters, dem er sich anvertraute, scheint der Recklinghauser nun seine Erkrankung in den Griff bekommen zu haben.
„Die Arbeit in der Küche befriedigt mich, an die Stille in Vreden habe ich mich inzwischen gewöhnt", zieht Wolfgang B. für sich eine durchaus positive Zwischenbilanz.

Robert B.
Jahrgang 1948
Landwirtschaft
Seit 1998 im St. Antoniusheim

„Die Scheidung war der Knackpunkt"

„DIE SCHEIDUNG WAR DER KNACKPUNKT"

Eigentlich wollte der gebürtige Emsdettener Gymnasiallehrer werden, doch nahm das Leben des heute 59-Jährigen einen ganz anderen Verlauf. Nach dem Abitur 1968 war Robert B. erst einmal für 18 Monate bei der Bundeswehr, wo er einen Unteroffizierslehrgang erfolgreich absolvierte. Danach arbeitete er im Drei-Schichten-Betrieb in einer Eisengießerei, bevor er diesen „Knüppeljob" aufgab und einen Platz im Hörsaal an der Universität in Münster einnahm. Er studierte Anglistik und Geographie, brach aber nach zehn Semestern das Studium wegen der Schwangerschaft seiner Frau ab. Um die junge Familie ernähren zu können, begann er in einer Kunstschlosserei zu arbeiten und absolvierte zusätzlich einen Schmiedelehrgang. Doch auch diese Beschäftigung war nicht von langer Dauer. Robert B. machte sich als Möbelrestaurator selbstständig, legte nach eineinhalb Jahren die Gesellenprüfung ab und eröffnete in Ladbergen eine Restauratoren-Werkstatt.

Doch dann kam es zur Scheidung von seiner Ehefrau – „ein großer Knackpunkt". Die aufzubringenden Kosten für Unterhalt sowie die Versicherungskosten für wertvolle Möbel in der Werkstatt waren aus den Erlösen nicht zu bestreiten - „die ‚Antikerei' musste aufgegeben werden." Hinzu kamen Trunkenheitsdelikte, für die Robert B. ins Gefängnis ging, weil er die Geldstrafen nicht bezahlen konnte. Dort, in der Justizvollzugsanstalt, wurde ihm in der Werkstatt ein Job für die Zeit nach der Strafverbüßung angeboten, den er aber nicht annahm. Vielmehr folgten Tätigkeiten u.a. bei einem Fliesenleger, im Messebau sowie Montagetätigkeiten. Und in dieser Zeit ging nicht nur eine neue Beziehung in die Brüche, sondern Robert B. wurde am Ende auch arbeitslos.

Vor fast zehn Jahren vermittelte ihn sein Bewährungshelfer nach Vreden ins St. Antoniusheim. Hier musste sich der Emsdettener noch einmal neu orientieren: Die Versorgung des Viehs in der Landwirtschaft des Antoniusheims wurde zu seiner täglichen Aufgabe – und er hat sich mit der neuen Wirklichkeit arrangiert: „Man muss das Beste daraus machen", lautet heute seine Erkenntnis.

Bernhard B.
Jahrgang 1952
Haustechnik
Seit 1993 im St. Antoniusheim

„Mein zweites Zuhause"

„MEIN ZWEITES ZUHAUSE"

E r verkörpert den Typ eines bodenständigen Münsterländers und ist kein Freund großer Worte: In Graes geboren und mit acht Geschwistern groß geworden, hat Bernhard B. nach dem Besuch der damaligen Volksschule eine Lehre als Maurer begonnen. Nach erfolgreicher Gesellenprüfung war er dann noch etwa fünf Jahre als Maurer tätig. 1973 wechselte Bernhard B. zu einer Steinmetzfirma in Ahaus. Dort ging es eher um den Bau von Treppen, das Legen von Fußböden und das Setzen von Grabdenkmälern.

1975 heiratete er, der Ehe entstammen drei Kinder. Doch schon zehn Jahre später folgte die Scheidung. Und mit ihr kamen insbesondere finanzielle Probleme: Unterhalt und Miete wollten bezahlt werden – das Einkommen wurde knapp.

Ein Jahr später erkrankte Bernhard B. schwer: Die Ärzte fanden einen Tumor im Dickdarm. Nach der geglückten Operation war der heutige Bewohner des St. Antoniusheims etwa ein Jahr krank geschrieben, danach konnte er wieder für ein weiteres Jahr arbeiten, bevor er arbeitslos wurde. Zwar war Bernhard B. anschließend noch fünf Jahre bei einer Schreinerei tätig, doch dann tat sich ein großes Problem auf: er hatte keine Wohnung mehr.

„MEIN ZWEITES ZUHAUSE"

Zu diesem Zeitpunkt kam er durch Vermittlung ins Antoniusheim nach Vreden. Dort war er zunächst fast acht Jahre in der Gärtnerei tätig – „eine Arbeit, die mir Spaß gemacht hat".

Dann aber waren seine Fähigkeiten als Maurer und Steinmetz wieder gefragt: Er baute auf dem Koloniegelände den Schweinestall mit auf, legte die Pflasterung auf dem Gelände und wurde schließlich, wie er schmunzelnd meint, zum „Mädchen für alles". Logischerweise landete er schließlich bei der Haustechnik als Mitarbeiter. Im August dieses Jahres blickt Bernhard B. offensichtlich zufrieden auf 15 Jahre Leben im St. Antoniusheim in Vreden zurück, das für ihn „praktisch zum zweiten Zuhause geworden ist."

Günther E.
Jahrgang 1952
Gärtnerei
Seit 1992 im St. Antoniusheim

Das Innerste bleibt verborgen

DAS INNERSTE BLEIBT VERBORGEN

Wenn es um die Kernfrage geht, warum er inzwischen schon 25 Jahre in Heimen wohnt, gibt sich Günther E. verschlossen: „Das waren Familienprobleme, über die ich nicht sprechen möchte." Das Innerste bleibt also verborgen. Ansonsten aber ist er auskunftsfreudig, wenn man mit ihm den bisherigen Verlauf seines Lebens durchgeht.

Als Sohn eines Arbeiters in einer Schuhfabrik wuchs Günther E. mit zwei Brüdern auf. Heute gibt es zu ihnen keinen Kontakt mehr. Nach dem Besuch der Volksschule wäre er gerne Elektriker geworden, doch sein Vater war dagegen. Und so begann er seine berufliche Laufbahn als Hilfsarbeiter, war danach ein Jahr in einer Webschützenfabrik, wechselte dann zu einer Lampenfabrik in Borken, wo er vier Jahre tätig war. Die nächste Station wurde dann ein Textilunternehmen. „Doch ich konnte den Wechselschicht-Betrieb nicht vertragen und bekam ein nervöses Magenleiden", erläutert Günter E. den erneuten Wechsel nach einem Jahr.

1974 hatte er geheiratet. Der Ehe entstammen vier Kinder, von denen leider zwei schon verstorben sind. Noch bis vor sechs Jahren hatte er Kontakt mit seiner Frau, berichtet Günther E. Ansonsten schweigt er sich – wie bereits erwähnt – aus über sein Familienleben. Aber offensichtlich hat es schwerwiegende Probleme gegeben, die ihn 1983 in ein Wohnheim nach Rhede brachten. Hier arbeitete er in der Hausmeisterei und eignete sich allerlei Fertigkeiten an. „Es war eine schöne Zeit für mich", blickt er zurück und erwähnt auch das gute Verhältnis zu seinem damaligen Chef.

Seit Mai 1992 ist Günther E. im St. Antoniusheim in Vreden. Dort fühlt er sich in der Gärtnerei sehr wohl, weil ihm die Arbeit viel Spaß macht. Ein verständnisvoller Chef trägt ebenso dazu bei, dass er offensichtlich nun mit sich ins Reine gekommen ist. Gelegentliche Ausflüge zu einem Kumpel nach Bocholt sowie Kontakte zu einer Tante in Viersen sind für den 56-Jährigen willkommene Abwechslungen.

Thomas E.
Jahrgang 1985
Gärtnerei
Seit 2006 im St. Antoniusheim

Chance für einen Neuanfang?

Vier Jahre vor der berühmten „Wende" erblickte Thomas E. im sächsischen Plauen das Licht der Welt. Seinen Vater hat er nie kennen gelernt, seine Mutter erlebte er nur bis zum sechsten Lebensjahr. Dann wurde er in einem Heim untergebracht. Drei Jahre später nahm ihn eine Pflegefamilie auf – der Pflegevater war Leiter einer Bankfiliale, die Pflegemutter erzog ihn zusammen mit seiner Stiefschwester. Doch als Thomas E. 14 Jahre alt war, haben sich die Pflegeeltern getrennt. Der „Vater" blieb in Sachsen, die Pflegemutter, Thomas und seine Stiefschwester zogen nach Stadtlohn. Hier schaffte er die Fachoberschulreife. Eineinhalb Jahre lang versuchte Thomas E. das Fachabitur in Informationstechnik (IT) zu machen. Doch familiäre Umstände verhinderten einen erfolgreichen Abschluss: „Meine Pflegemutter lernte einen neuen Mann kennen, mit dem ich nicht zurechtkam." Das führte letztlich dazu, dass er aus der Wohnung gewiesen wurde.

So auf sich allein gestellt, arbeitete Thomas E. ein halbes Jahr in einer Kunststofffirma, in der er auch eine Lehre beginnen sollte. Doch dazu kam es nicht, weil das Unternehmen aufgekauft wurde. Es folgten Anstellungen als Ein-Euro-Jobber, eine abgebrochene Kochlehre und wieder Tätigkeiten im Rahmen von Hartz IV. Untergekommen war Thomas E. in einer Jugendschutzstelle. Aber der Frust über die misslungene Arbeitssuche und das persönliche Umfeld mündeten schließlich in Straftaten wie Einbrüchen und besonders schwerer Diebstahl. „Wir haben Müll gebaut", versucht er diese Zeit ein wenig schönfärberisch zu charakterisieren. Endstationen: Amtsgericht und diverse Strafen – von Wochenendarrest über Geldstrafen bis zu 500 Sozialstunden. Den Rest arbeitet der 22-Jährige seit Dezember 2006 in der Gärtnerei des Antoniusheims ab.

Hier hat er in dem geordneten Tagesablauf eins schon geschafft: „Die kriminellen Gedanken sind weg." Und so ist er fest entschlossen, einen Neuanfang zu schaffen – „am liebsten würde ich etwas Handwerkliches machen oder im Bereich Computer-Hardware tätig werden." Bewerbungen sind geschrieben, Jahrespraktika angefragt – und notfalls würde er sich auch eine Lehre in seiner alten Heimat Sachsen zutrauen.

Bernd H.
Jahrgang 1951
Werkstatt
Seit 2000 im St. Antoniusheim

„Am liebsten auf der Rennbahn"

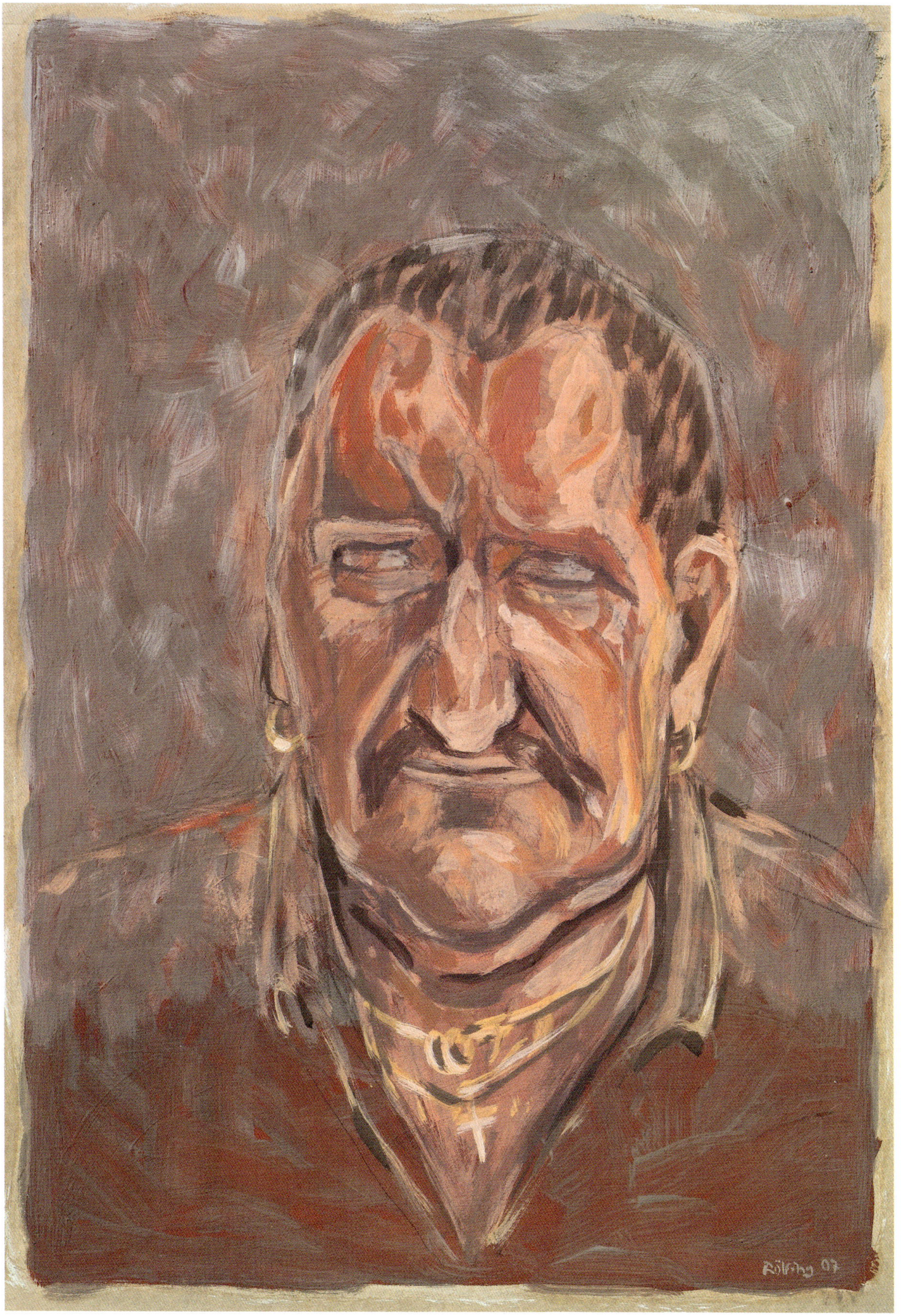

„AM LIEBSTEN AUF DER RENNBAHN"

Der Dialekt ist unüberhörbar: Bernd H. kommt aus dem Ruhrpott. Kein Wunder, ist er doch in Essen-Borbeck geboren und mit vier Geschwistern groß geworden. Nach der Volksschule begann er eine Lehre als Pferdewirt auf der Trabrennbahn in Dinslaken. Danach wechselte er zu Eddy Freundt auf die Rennbahn nach Gelsenkirchen. Und später hat er auch bei Heinz Wewering gearbeitet. Weitere Stationen waren Lothar Rudnik sowie die Rennbahn in München-Straubing. Wenn Bernd H. von diesen Zeiten erzählt, kommt Glanz in die Augen, denn er hat sich, trotz vielfacher anderer Tätigkeiten in seinem Leben, „am liebsten auf der Rennbahn" aufgehalten. Selbst einen Krankenhausaufenthalt ließ er von Bochum nach Recklinghausen verschieben, um in der Nähe der Rennbahn zu sein…

Doch das Leben des Pferdewirts hat auch dunkle Seiten: Zweimal verheiratet, zweimal geschieden, an Osteoporose erkrankt und dreimal die Wirbelsäule gebrochen. Hinzu kommt offensichtlich ein Alkoholproblem. Das war auch die Ursache für einen folgenschweren Unfall mit seinem Moped. Bernd H. war auf einen Lkw aufgefahren und zog sich schwere Kopfverletzungen zu. „An diesen Folgen leide ich heute noch. Ich bekomme dann Krampfanfälle", schildert er seine Situation. Seit 2000 ist er deshalb berufsunfähig.

Ebenso offen berichtet der Essener über Straftaten wie Einbrüche und Diebstahl, die ihm immer wieder Aufenthalte in verschiedenen Strafanstalten – auch im Ausland – einbrachten.

So war es letztlich ein Sozialarbeiter, der ihn nach einem Krankenhausaufenthalt im Jahr 2000 nach Vreden ins Antoniusheim vermittelte. Seitdem war Bernd H. in der Gärtnerei, der Schälküche und der Landwirtschaft tätig, bevor er schließlich in die Werkstatt wechselte. Der 57-Jährige fühlt sich offensichtlich wohl in der neuen Umgebung, wenngleich er sich manchmal schwer tut, wenn seine Kumpel Plattdeutsch sprechen. „Da habe ich als eingefleischter Ruhrpottkumpel doch etwas Probleme."

Peter H.
Jahrgang 1955
Hauswirtschaft
Seit 1998 im St. Antoniusheim

„Mädchen für alles"

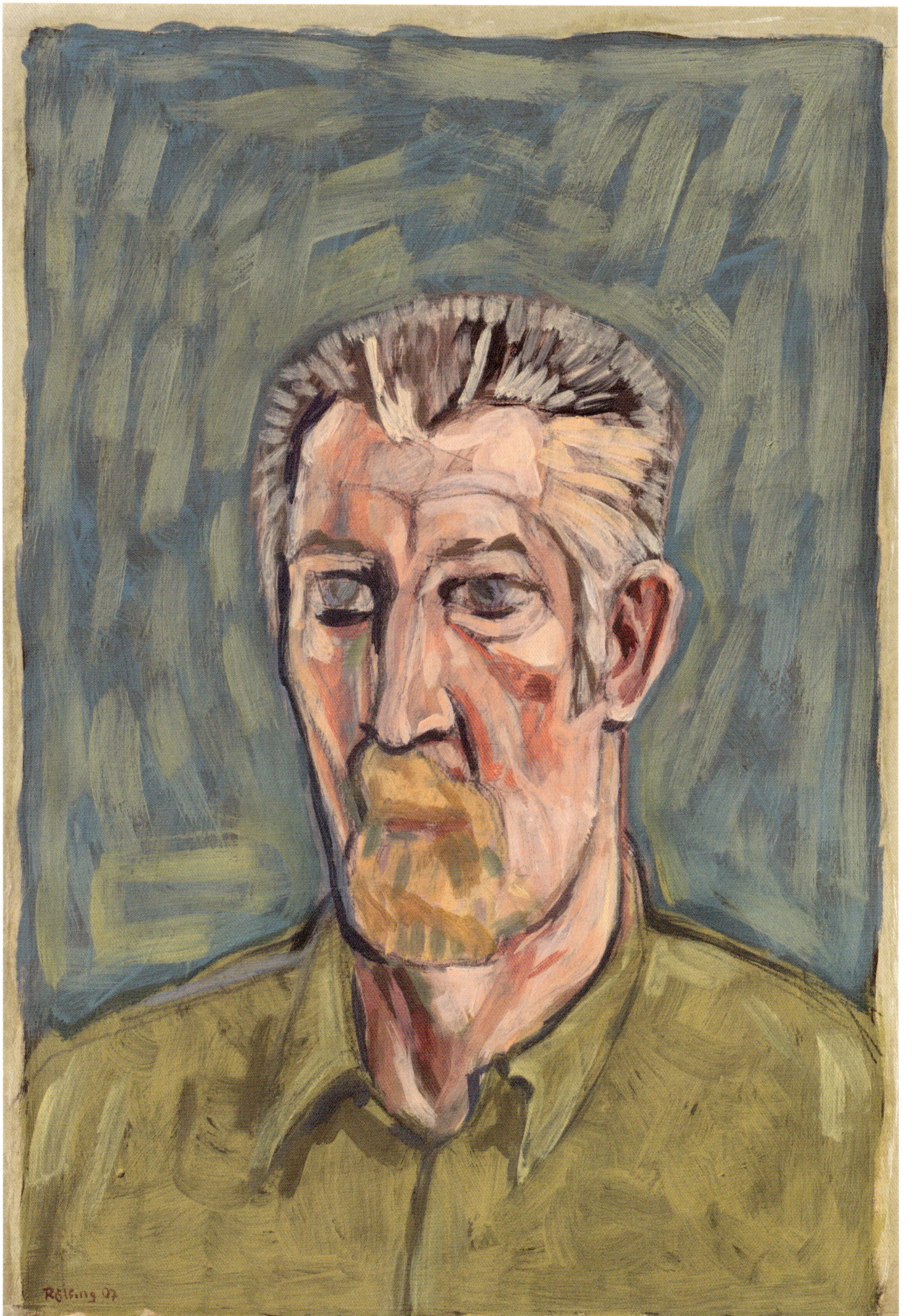
Rösing 07

„MÄDCHEN FÜR ALLES"

Nach dem Schulbesuch in seinem Geburtsort Stendal (damals DDR) musste Peter H. gegen seinen Willen eine Ausbildung als Koch beginnen. Sein Vater, der zwei Gaststätten betrieb, bestand darauf. Doch nach einem halben Jahr als Geselle gab Peter H. auf. Er begann eine Lehre als Stahlhochbauer, die ihm eine langfristige Tätigkeit beim Metall-Leichtbau-Kombinat sicherte. „Ich war überwiegend auf Montage. Zwei Jahre habe ich zum Beispiel an der Gaspipeline von der damaligen UdSSR in den Westen gearbeitet", berichtet er. „Es war eine schöne und gute Arbeit, die mir sogar den Vorteil einbrachte, Skoda-Fahrer zu werden." Danach folgten vier Jahre Wehrdienst bei der Volksarmee, davon zwei Jahre Spezialausbildung in der UdSSR und ein halbjähriger Aufenthalt in Afghanistan. Während der Militärzeit heiratete Peter H. 1977 wurde seine Tochter geboren. Im Jahr 1988 schließlich floh er mit seiner Familie über Ungarn in den Westen.

Ein Jahr lang lebte die Familie beim Großvater in Wuppertal, dann zog sie nach Stadtlohn um. Es folgten Jahre der Montagetätigkeit u.a. in Marokko, Tunesien, Dubai, England und Griechenland. Als sein Arbeitgeber Konkurs anmeldete, gab es auch in der Ehe von Peter H. eine kritische Zuspitzung: „Zwei Monate vor der Silberhochzeit wurden wir geschieden, weil meine Frau nicht mit mir ins Montage-Camp wollte". In diesen Zeitraum fällt auch der Beginn seiner

Alkoholprobleme. Drei Versuche, eine neue Arbeit zu finden, scheiterten daran, dass die Firmen, bei denen er anheuerte, Pleite gingen. Es folgten Verlust der Wohnung, Arbeitslosigkeit und eine freiwillige Entziehungskur.

Nach einem kurzen Gastspiel in Rheine kam Peter H. schließlich nach Vreden. Hier ist er nach eigenen Worten seit sieben Jahren in der Hauswirtschaft das „Mädchen für alles". Selbst den Umgang mit der Nähmaschine, einst von seiner Mutter als Schneiderin gelernt, scheut er nicht. Mit Unterkunft und Essen ist er zufrieden, „die Arbeit macht mir Spaß". Gerne erkundet er die Umgebung mit dem Rad und freut sich schließlich über seinen monatlichen „Lohn", den wohl längst nicht jeder Familienvater für seinen eigenen Bedarf haben dürfte.

„Fühle mich wohl und anerkannt"

Karl-Heinz K.
Jahrgang 1958
Gärtnerei
Seit 2005 im St. Antoniusheim

„Fühle mich wohl und anerkannt"

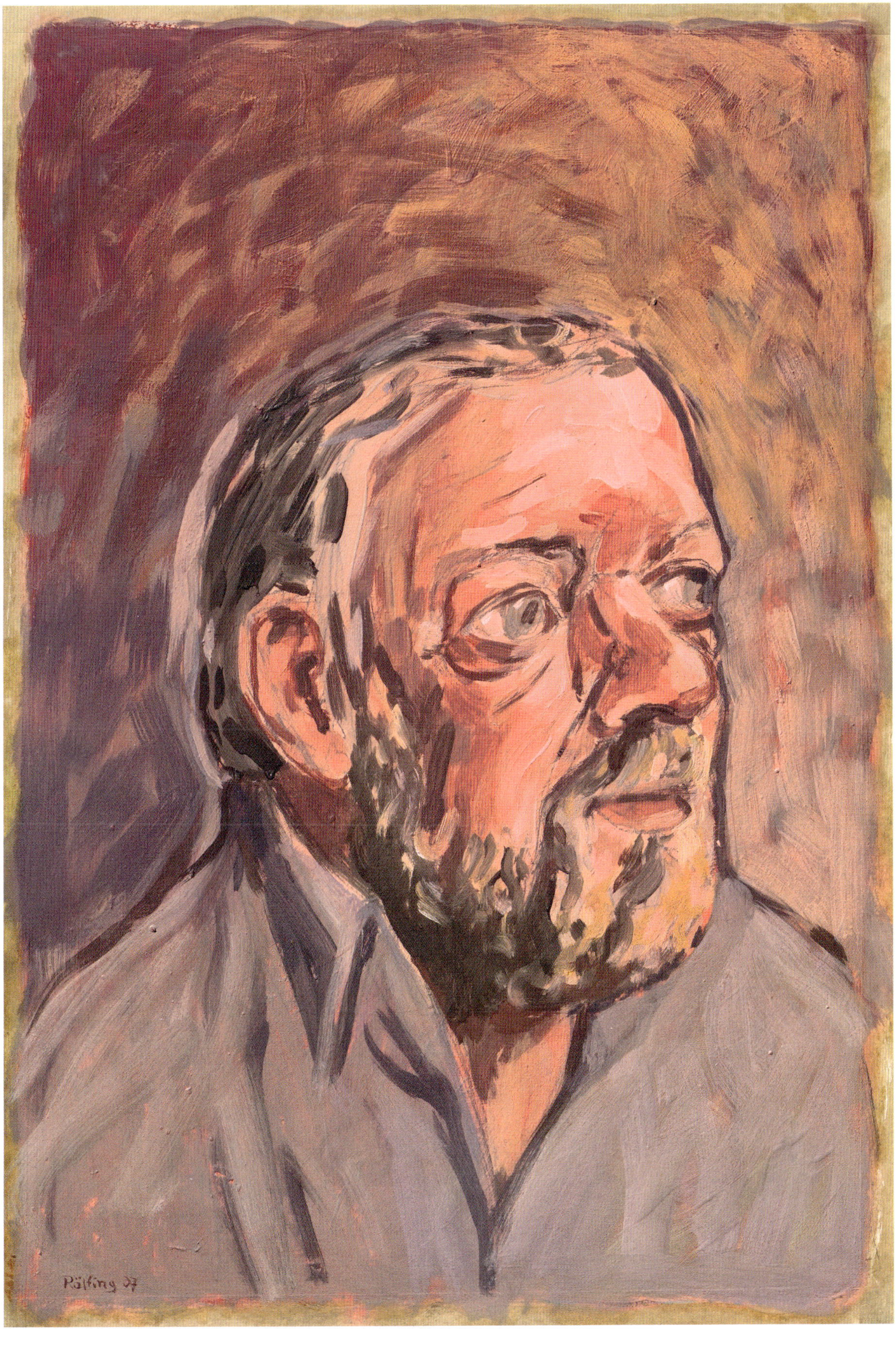
Pölling 07

Zunächst lief für den gebürtigen Homberger alles nach Plan: Besuch der Grund- und Hauptschule, Ausbildung zum Einzelhandelskaufmann in Duisburg, arbeiten in diesem Beruf – unterbrochen durch die Wehrpflichtzeit bei der Bundeswehr. Dann aber kam, so berichtet Karl-Heinz K., das erste einschneidende Erlebnis in seinem Leben: 1982 erlitt er eine Hirnblutung. Nach der Operation versuchte er ein Jahr lang, wieder in seinem angestammten Beruf Fuß zu fassen. Als er aber 1988 die Kündigung bekam und zudem seine Beziehung mit einer Frau, die eine kleine Tochter besaß, in die Brüche ging, war es höchste Zeit zum Gegensteuern, zumal Karl-Heinz K. auch an einem Alkoholproblem litt, das er unumwunden eingesteht.

In einer Langzeittherapie in Duisburg-Buchholz musste er das „normale Leben" erst wieder erlernen, bevor er nach fünf Jahren ins Betreute Wohnen entlassen wurde. Doch die Rückkehr schlug fehl: Nach drei Tagen wurde Karl-Heinz K. rückfällig, trank wieder Alkohol und rutschte gleichzeitig in die Obdachlosigkeit. Zwar fühlte er sich zunächst durchaus wohl im Kreis von Gleichgesinnten, doch als der Winter nahte, ging Karl-Heinz K. in ein Obdachlosenheim. Die Erfahrungen dort waren für ihn in der Rückschau furchtbar. Und auch der Wechsel in ein anderes Heim änderte nichts daran.

So machte sich der Homberger mit einem Sozialarbeiter auf die Suche nach einem geeigneten Langzeitheim und wurde schließlich in Vreden fündig. „Ganz wichtig für mich ist eine tägliche, sinnvolle Beschäftigung", betont Karl-Heinz K. Nur so könne er dem Teufelskreis, in den er in der Obdachlosigkeit geraten war, entkommen. Der geregelte Tagesablauf im Antoniusheim, das Verständnis seines Chefs in der Gärtnerei sowie eine Arbeit, „die mir Spaß macht", haben inzwischen zu dem Urteil geführt: „Hier fühle ich mich wohl und werde anerkannt..." Und so kann sich Karl-Heinz K. gut vorstellen, im Antoniusheim in Vreden alt zu werden...

Peter K.
Jahrgang 1955
Schälküche
Seit 2004 im St. Antoniusheim

„Vreden ist reiner Zufall"

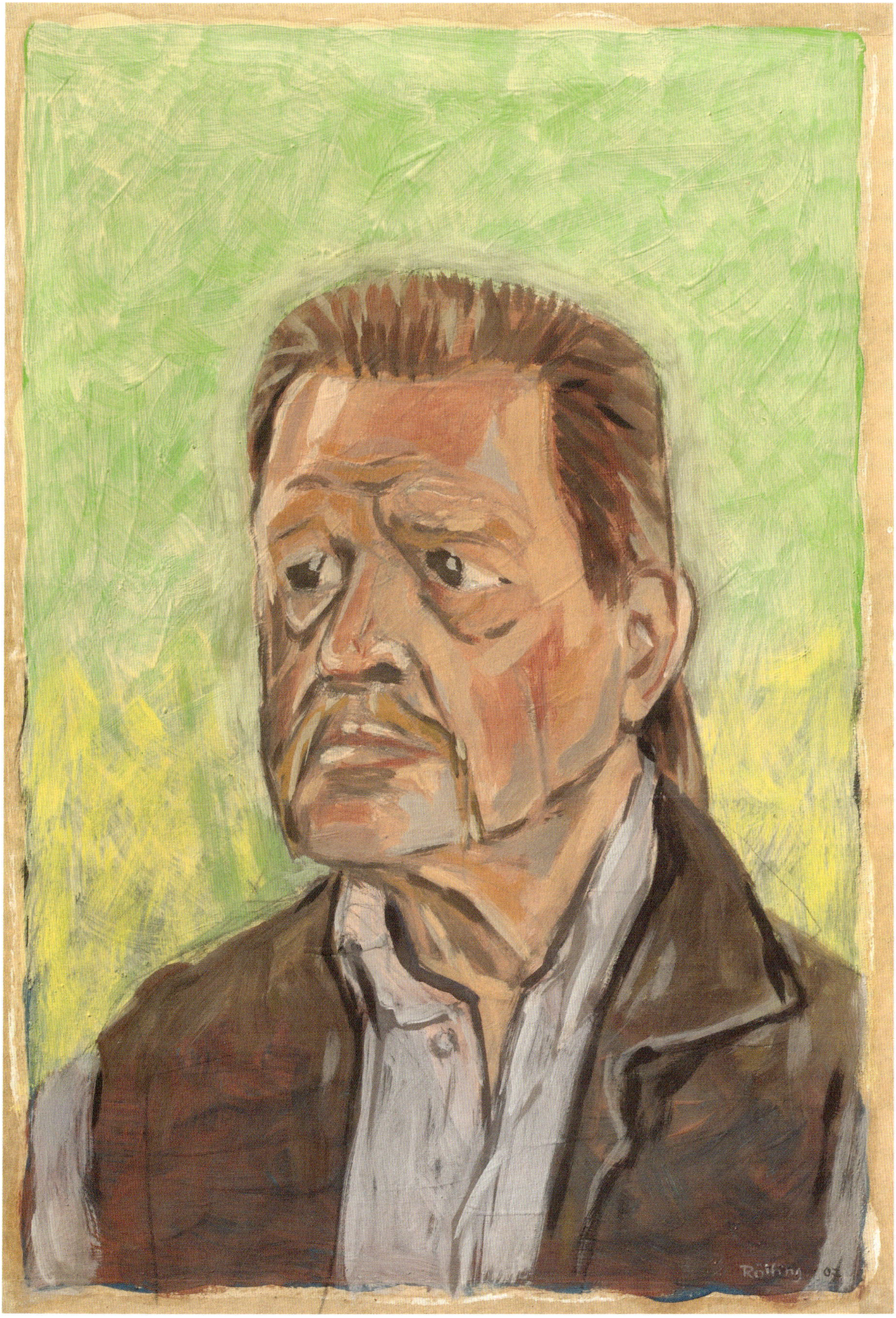

„VREDEN IST REINER ZUFALL"

Bis Peter K. in Deutschland im wahrsten Sinne des Wortes „sesshaft" wurde, verging eine lange Zeit. Er wurde in England geboren, wo sein Vater in Kriegsgefangenschaft war und dann eine Engländerin heiratete. Erst als Vierjähriger zogen die Eltern mit ihm nach Deutschland, wo sie dann in Essen eine Wohnung fanden. Zur Bundeswehr musste er wegen seiner doppelten Staatsangehörigkeit nicht. Vielmehr war er als gelernter Schmelzschweißer fast 20 Jahre lang überwiegend auf Montage, so zum Beispiel im Libyen, Algerien, Marokko und Thailand. Die Aufenthalte dauerten meist ein bis eineinhalb Jahre. Nach dieser Zeit heuerte Peter K. bei einer Arbeitsverleihfirma an, die sich auf Montagearbeiten in Deutschland und den Benelux-Staaten beschränkte.

1990 wurde er als 35-jähriger arbeitslos. In dieser Zeit lebte er mit einer Frau zusammen, „doch wir gingen uns so auf die Nerven, dass ich abgehauen bin", erinnert sich der heute 53-Jährige. Zunächst wohnte er bei verschiedenen Kumpels in Essen und schlug sich mit dem Arbeitslosengeld mehr schlecht als recht durch. Anschließend war er fast sechs Jahre auf der Walz. Da er keinen Führerschein besitzt, besorgte er sich ein Fahrrad, ein Zelt und einen Schlafsack.

Bei einer seiner Touren landete er in einer finsteren Februar-Nacht in der Nähe des Ahauser Schlosses. Peter K. schlug nichts ahnend sein

Zelt auf und wollte sich schlafen legen, als ihn die Polizei entdeckte und feststellte, dass er ohne festen Wohnsitz ist. Die Polizisten brachten ihn deswegen ins Antoniusheim nach Vreden – „das war also reiner Zufall", berichtet er.

Einmal hier untergebracht, startete er in der Cafeteria des Hauses, wechselte später in die Werkstatt. Als ihn der Chef dann auf eine Arbeit in der Schälküche ansprach, willigte Peter K. in einen erneuten Wechsel ein. Hier hat er sich bestens eingearbeitet und kann inzwischen sehr fachkundig über Details seiner Tätigkeit berichten.

Günther L.
Jahrgang 1943
Gärtnerei
Seit 2006 im St. Antoniusheim

„Halbe Tage auf dem Patt"

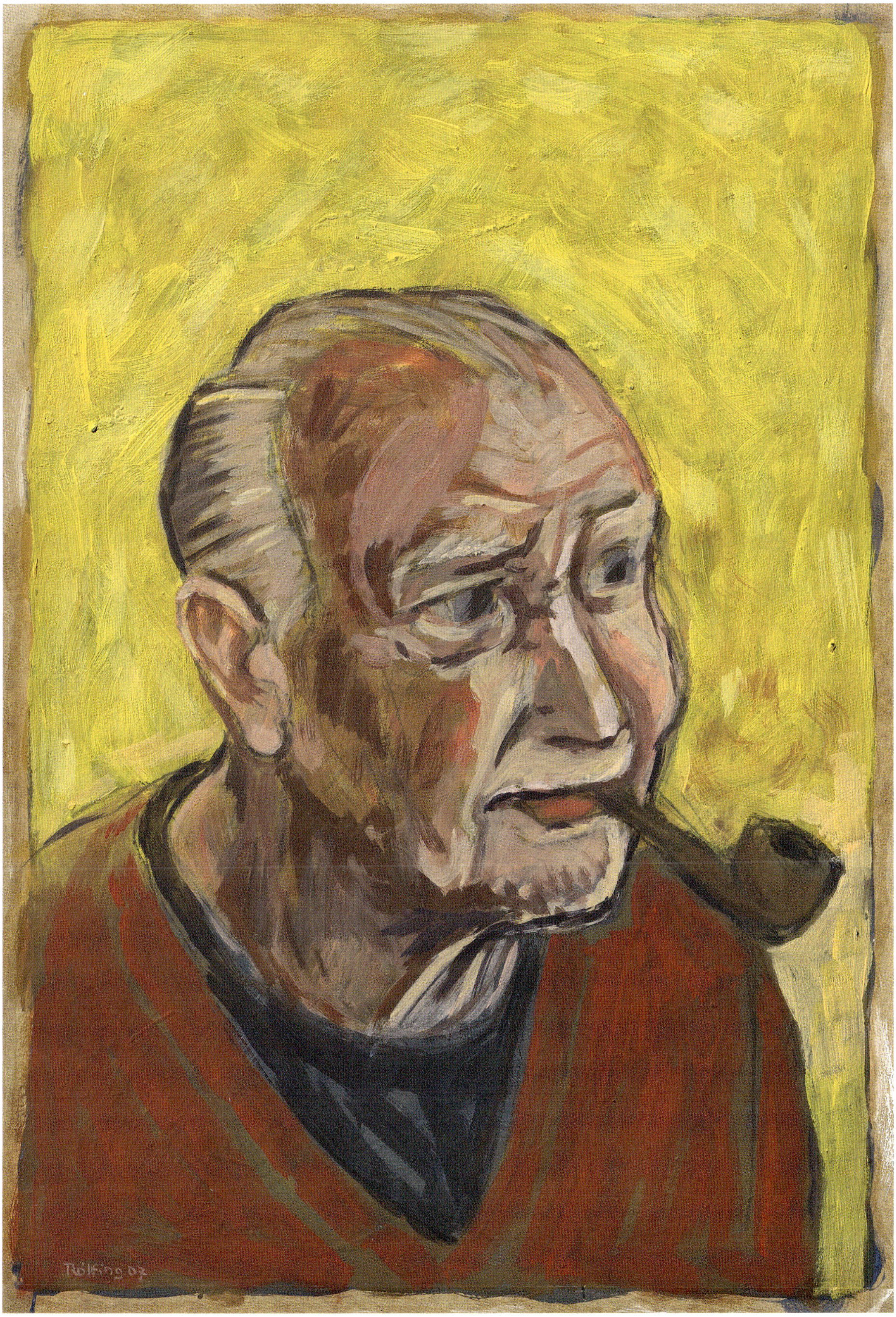
Rölfing 07

Seinen Vater hat Günther L. nie kennen gelernt – er starb ein viertel Jahr vor der Geburt des Sohnes in Soest. Die Mutter, gelernte Schneiderin, zog den Jungen in Neuenkirchen groß, wo er nach dem Volksschulabschluss eine Bauschlosserlehre mit der Gesellenprüfung abschloss. Nach 18 Monaten Bundeswehr-Zeit arbeitete der gebürtige Soester im Getriebebau weiter, bevor er in den Computerbereich einer Wettringer Textilfirma wechselte. Schließlich wurde er Operator im EDV-Bereich, „eine Arbeit, die mir Riesenspaß gemacht hat." Aber als die Firma Konkurs anmelden musste und Günther L. nach der Übernahme durch ein anderes Unternehmen nicht weiter beschäftigt wurde, gab es die erste Zäsur in seinem Leben: er wurde arbeitslos.

Parallel dazu scheiterte nach 12 Jahren seine Ehe. Der Single wechselte Wohnort und Firma. Er landete in einem Sanitär- und Heizungsunternehmen in Ahaus, wurde Lagerist und später Kurierfahrer. „Der Traum von der EDV war endgültig vorbei", resümiert Günther L. heute. Dennoch war er weitere 12 Jahre wieder in Lohn und Brot.

Dann kam der 26. Oktober 2002: Mit einem Freund wollte Günther L. per Eisenbahn zum Flughafen Frankfurt fahren. Sie suchten einen Last-Minute-Flug in den Süden. Doch auf der Rolltreppe im Kölner Hauptbahnhof stürzte er so unglücklich, dass er schwere Kopfverletzungen erlitt. Nach einigen Problemen bei der Rehabilitation stellte er einen Antrag auf Rente wegen Berufsunfähigkeit, dem schließlich stattgeben wurde. Zugleich erhielt Günther L. einen Betreuer vom Amtsgericht zugewiesen.

Nach verschiedenen Wohnungswechseln in Ahaus und nicht näher definierten Problemen, vermittelte der Betreuer im April 2006 Günther L. ins St. Antoniusheim in Vreden. Hier ist der immer noch rast- und ruhelose 65-Jährige halbtags in der Gärtnerei tätig und „die andere Hälfte auf dem Patt". Denn er sucht, so erzählt er, eigentlich wieder eine eigene Bleibe außerhalb des Antoniusheims.

Uwe N.
Jahrgang 1945
Schälküche
Seit 2004 im St. Antoniusheim

„Mit 50 alles hingeschmissen"

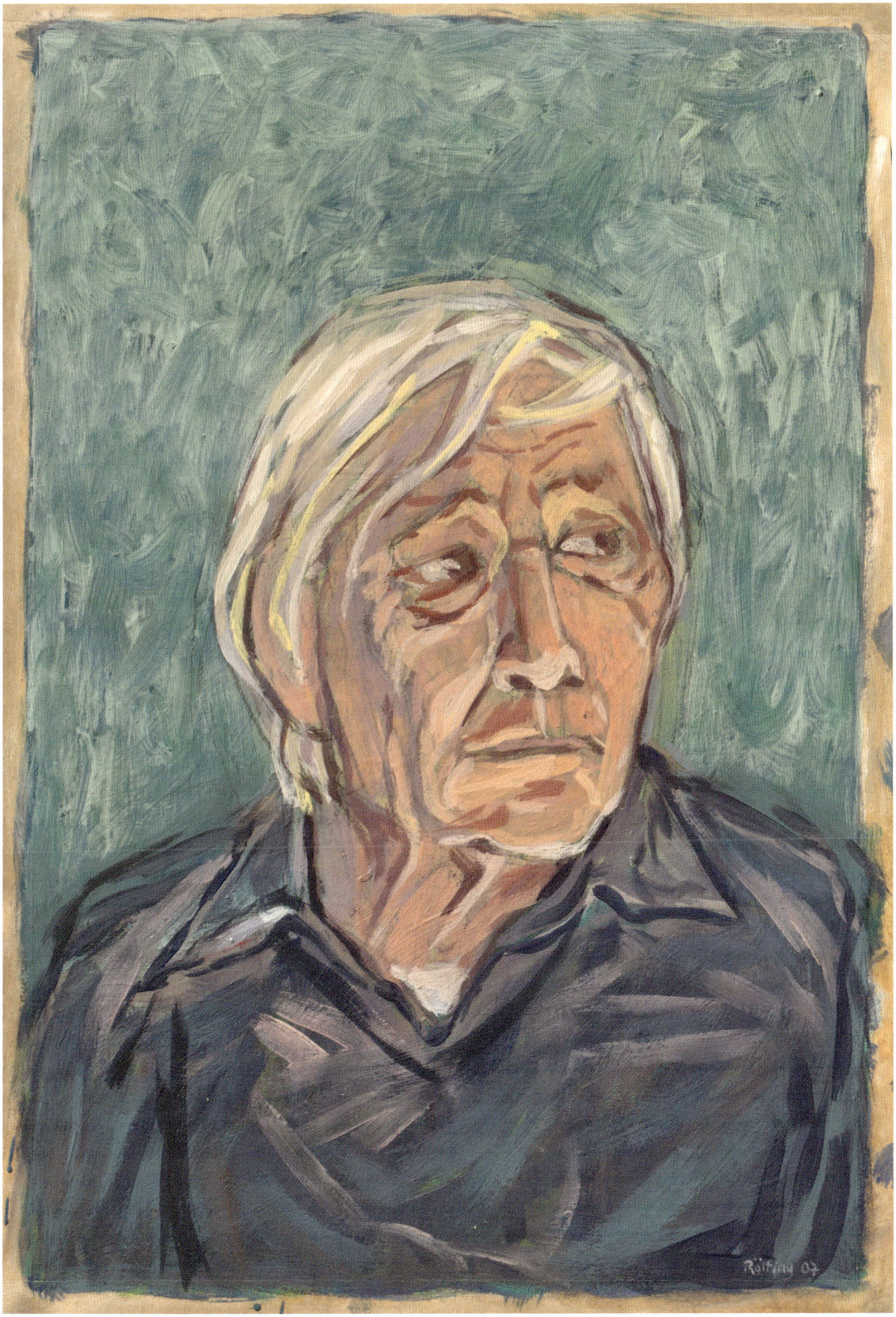

"MIT 50 ALLES HINGESCHMISSEN"

Der Bruch im Leben von Uwe N. kam nach 28 Berufsjahren. Bis dahin hatte er einen durchaus interessanten Werdegang aufzuweisen. Nach dem Volksschulabschluss begann der gebürtige Viersener zunächst eine Kfz-Mechaniker-Lehre, die er mit der Gesellenprüfung abschloss. Zwei Jahre blieb er noch in diesem Metier tätig. Dann wechselte er und wurde Krankenpflegeschüler in einer Landesklinik für Kinder- und Jugendpsychiatrie. „Damals herrschte akuter Personalmangel im Pflegebereich und die finanzielle Versuchung war für mich groß", erinnert er sich noch genau. Nach bestandenem hausinternen Examen und dem Staatsexamen begann er noch eine Ausbildung zum Fachpfleger für Psychiatrie. Ferner machte er eine Zusatzausbildung im Lehrwesen für den Umgang mit geistig behinderten Menschen. Der Schwerpunkt seiner Tätigkeit lag anschließend in der Fortbildung von Berufskollegen.

Zwischenzeitlich hatte Uwe N. geheiratet und war Vater von zwei Söhnen geworden. Doch als er etwa 50 Jahre alt war, hat er wegen familiärer Schwierigkeiten und der folgenden Scheidung „alles hingeschmissen. Ich war völlig ausgebrannt."

Mit diesem Bruch einher ging nicht nur ein Wohnortwechsel nach Gronau, sondern widrige Verhältnisse und Wohnungsverlust führten zu Alkoholproblemen. Zweimal hat er sich einer Entziehung unterzogen, heute hat er dieses Problem „im Griff", wie er sagt. Aber: „Es gehört zu mir und ich will das nicht radikal ändern." Nach dem Umzug nach Gronau gab es noch einmal einen Anlauf, geregelte Arbeit aufzunehmen, aber letztlich blieb es nur bei befristeten Anstellungen.

Durch die Betreuung in der Suchtberatung kam Uwe N. zum Antoniusheim. Sein Wunsch, in der Küche arbeiten zu wollen, wurde erfüllt. Heute schätzt er die regelmäßige und beständige Arbeit ebenso wie die Tatsache, „dass ich jetzt den richtigen Rahmen, geregelte Kost und eine feste Bleibe gefunden habe." Deshalb möchte er zumindest bis zum Erreichen des Rentenalters hier bleiben. Dann wird er sich die Frage stellen: „Wie sieht Dein weiteres Leben aus?"

Steffen R.
Jahrgang 1970
Gärtnerei
Seit 2007 im St. Antoniusheim

„Auf aufstrebendem Ast"

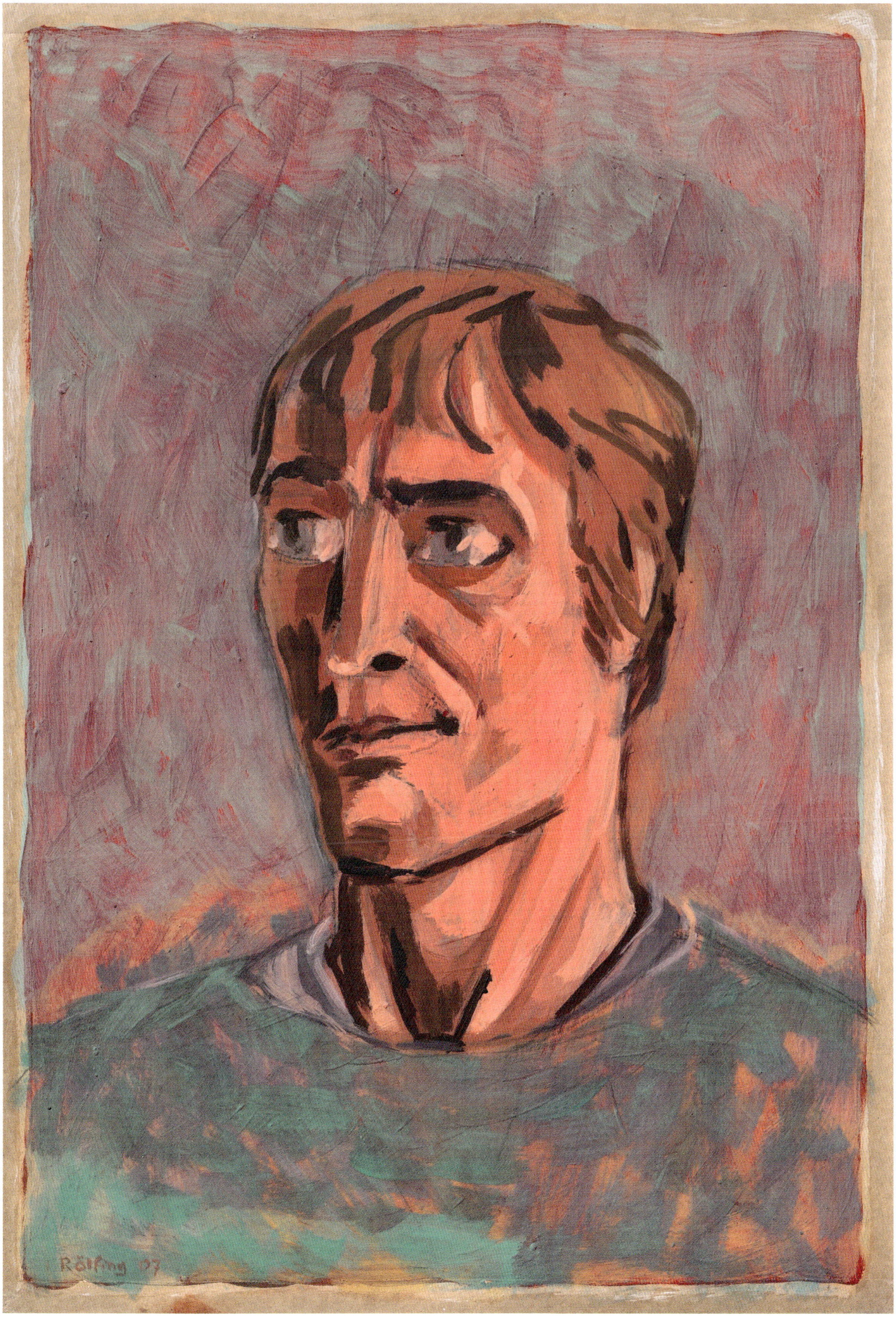
Rölfing 07

Man tut dem jungen Mann wohl kein Unrecht, wenn man sein bisheriges Leben so skizziert: Er war bislang fast immer auf der Flucht. Der Sohn eines Journalisten und Autors aus dem Schwarzwald hatte nach dem Realschulabschluss eine Schlosserlehre begonnen und bald wieder abgebrochen, es folgte die Ausbildung zum Energieelektroniker. Da es in seiner Heimat keine Arbeitsstelle gab, wechselte er nach Ravensburg und blieb dort sieben Jahre in seinem Beruf. Dann aber gab es „tierischen Ärger mit der Freundin", der zur Flucht vor der Frau und dem Umfeld führte. Ein Jahr lang zog Steffen R. von Bio-Bauernhof zu Bio-Bauernhof quer durch Deutschland, bis er in Göttingen landete. Es folgten drei Jahre Arbeit in Bayern als Elektriker. Dann aber ging's wieder – wegen einer gescheiterten Beziehung – zurück nach Göttingen. „Dort habe ich Scheiße gebaut, das war mein tiefster Fall" – auch wenn er nach vier Monaten Untersuchungshaft freigesprochen wurde.

Die Hoffnung, durch den Umzug zu seiner Schwester in Berlin wieder Boden unter die Füße zu bekommen, trog. Zwar arbeitete er zwei Jahre, doch sein Alkoholproblem, das er schon seit seinem 15. Lebensjahr hat, war stärker. Er stellte das Arbeiten ein, bezahlte seine Miete nicht mehr und rettete sich schließlich mit einem erneuten Umzug zu seiner Großmutter in Recklinghausen.

Hier wurde er in eine Langzeittherapie eingewiesen, erlitt aber zwei Rückfälle und landete schließlich in der Arbeiterkolonie in Maria Veen. Ein dreiviertel Jahr später wechselte er schließlich ins Antoniusheim.

Heutige Erkenntnis des 38-Jährigen: „Je öfter ich abstürze, umso schwerer wird es, aus dem Teufelskreis herauszukommen." Inzwischen ist er in einer Motivationsgruppe aktiv und fühlt sich sogar schon „auf dem aufstrebenden Ast." Er möchte mit Hilfe des Seelsorgers im Antoniusheim die Gruppenarbeit forcieren und für sich selbst die Vergangenheit aufarbeiten. Ihn beschäftigt die Frage „Will ich nicht oder kann ich nicht aufhören mit dem Alkohol?" Dennoch: Steffen R. gibt sich noch nicht auf. Er möchte nach Vreden ziehen, dort wohnen und wieder dauerhaft arbeiten.

Hans-Peter S.
Jahrgang 1941
Altenheimbewohner
Seit 2004 im St. Antoniusheim

„Hier geht es mir besser"

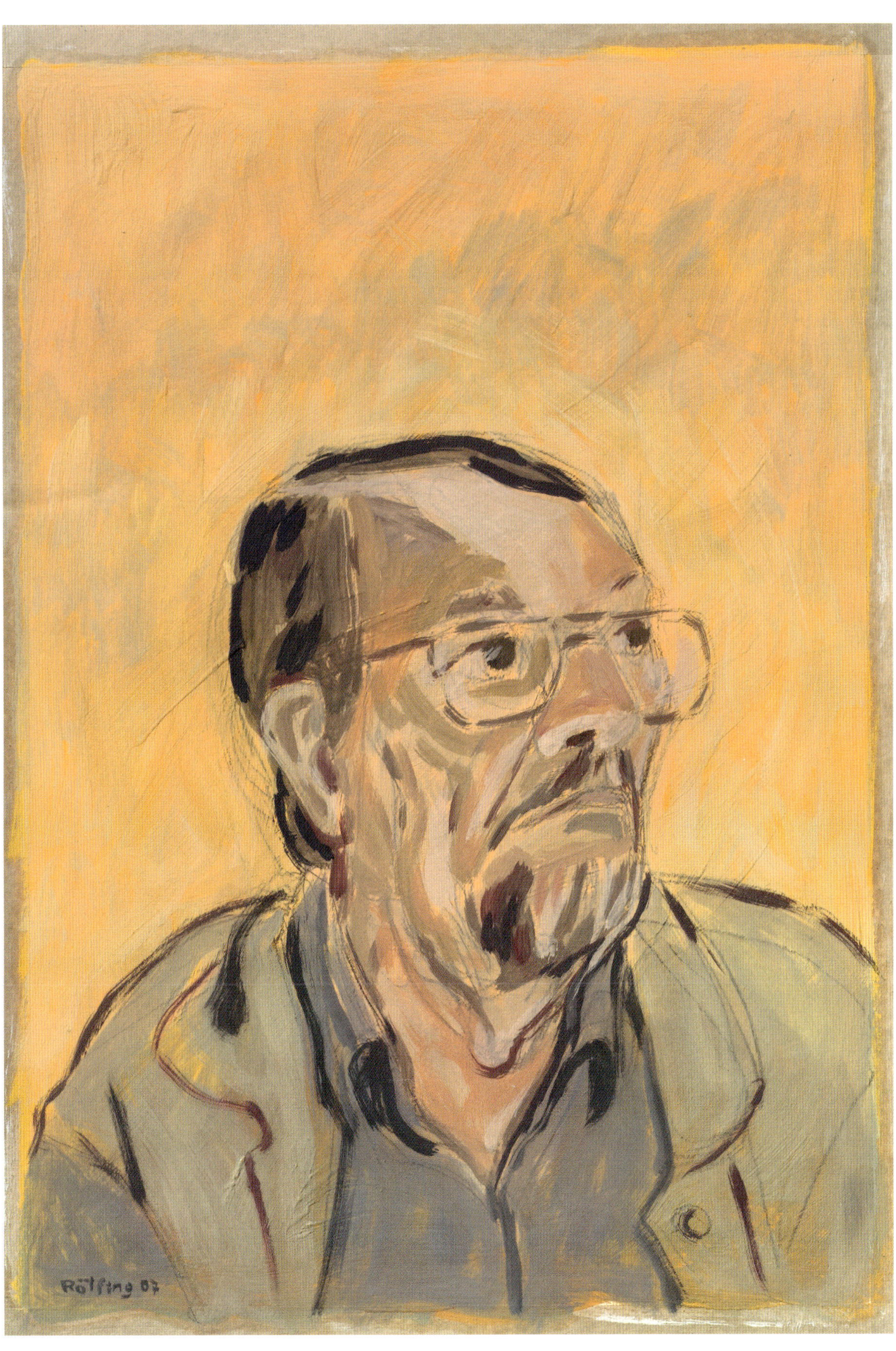
Rötting 07

"HIER GEHT ES MIR BESSER"

Der Sohn eines Bahnbeamten und einer Krankenschwester wurde in Gelsenkirchen-Buer geboren, absolvierte Volksschule und Gymnasium und begann dann ein Studium der Elektrotechnik an der damaligen Ingenieurschule in Burgsteinfurt. Schon vorher hatte er geheiratet. Seine Frau aus Gelsenkirchen kannte er bereits seit dem Abitur. In der siebenjährigen Ehe, die er in Münster verbrachte, kamen drei Kinder – alles Jungen – zur Welt. Ihr Vater hatte zwischenzeitlich das Studium abgebrochen und arbeitete als Elektriker bei verschiedenen Firmen.

„Nach der Scheidung in den 70er-Jahren ging es bergab", bilanziert der heute 66-Jährige. Diese Zäsur in seinem Leben hat ihn sehr mitgenommen. Sie ist wohl auch mit ein Grund für seine Alkoholprobleme.

Die Hoffnung, durch einen Betreuer wieder auf den rechten Weg gebracht zu werden, erfüllte sich nicht. „Der wusste alles besser und hat jede meiner Entscheidung umgedreht", erinnert sich Hans-Peter S. Zwar hatte das Arbeitsamt ihm immer wieder neue Jobs vermittelt, doch blieben die Beschäftigungen meist kurzfristig. Daneben gab es auch kaum Kontakte zu seiner früheren Ehefrau und den drei Söhnen. Lediglich mit seinem Schwager steht der Gelsenkirchener gelegentlich in Verbindung.

Nach über 60 Jahre hat Hans-Peter S. in den Einrichtungen der Arbeiterkolonie in Maria Veen und Vreden eine Bleibe gefunden. Der Vergleich seines Aufenthalts zwischen beiden Standorten fällt für die heutige Bleibe sehr positiv aus: „Seitdem ich hier bin, geht es mir besser", freut er sich. Die Betreuer gäben sich große Mühe und hätten ein offenes Ohr für die Probleme der Bewohner. „Man muss sich hier zusammenraufen, weil alles überschaubarer ist – auch im Altenheim, in dem ich jetzt wohne." Gelegentlich arbeitet Hans-Peter S. noch in der Werkstatt mit. Er zeigt sich zufrieden mit der Arbeit und seinem Vorgesetzten, so dass sein Urteil lautet: „Den Umständen entsprechend geht es mir gut."

Kurt St.
Jahrgang 1957
Altenheimbewohner
Seit 2000 im St. Antoniusheim

„Überleben im Altenheim"

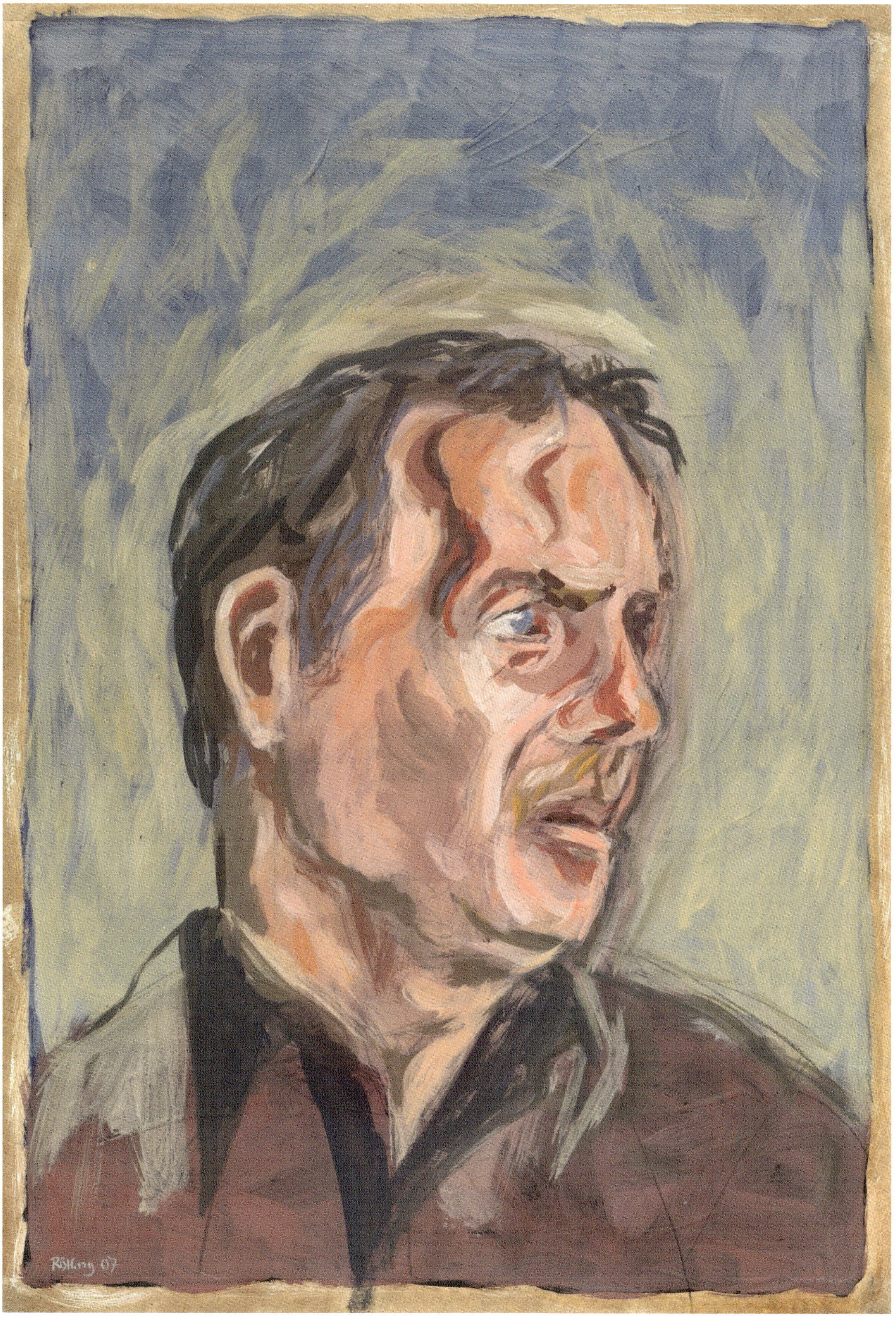

Rölling 07

"ÜBERLEBEN IM ALTENHEIM"

Über seinem bisherigen Leben liegt der Alkohol wie ein ständiger Schatten. Schon als Neunjähriger kam Kurt St. mit ihm in Kontakt. Und alle Versuche, sich von ihm zu befreien, sind bislang misslungen. Eine traurige Bilanz zigfacher Entziehungsmaßnahmen.

Der gebürtige Bergkamener besuchte die Volksschule und begann dann eine Ausbildung als Schaffner bei der Bahn. Als er dort von Kontrolleuren angetrunken im Dienst erwischt wurde, kündigte Kurt St. den Job. Er lebte dann erst einmal in Unna und fand keine neue Arbeit. Schließlich zog er zu seinem Vater nach Duisburg, wo er als Schreiner arbeitete. Später zog es ihn wieder nach Unna zurück, wo er weiter dem Schreinerberuf nachging.

Zwischenzeitlich lernte er eine Frau kennen, mit der er dann zehn Jahre in Frankreich gelebt und mit ihr auch ein gemeinsames Kind, eine Tochter, hatte. Hier kam es dann zu jenem schweren Unfall, der dem Leben von Karl St. eine schicksalsschwere Wende gab: Nach erheblichem Alkoholgenuss hatte er sich auf ein Moped gesetzt, um „Nachschub" zu besorgen. Er fuhr frontal gegen eine Straßenlaterne vor einem Lokal und erlitt schwerste Kopfverletzungen. „Ich habe bei diesem Unfall ein Viertel meines Gehirns verloren und war fast ein Jahr bewusstlos", schildert er.

Dieser Unfall führte schließlich dazu, dass Kurt St. nur noch in einem Heim leben konnte. Zwar wollte er dort wieder eine Beschäftigung aufnehmen, doch das Arbeitsamt lehnte dieses Ansinnen ab. Zunächst für zehn Jahre war Kurt St. in einem Obdachlosenheim in Duisburg untergebracht, wo seine Schwester wohnte. Danach vermittelte ihn ein Betreuer ins Antoniusheim nach Vreden. „Hier geht es für mich ums Überleben im Altenheim", schätzt der 51-Jährige nach bislang siebenjährigem Aufenthalt seine Situation ein. Er hat sich in Vreden gut eingelebt und Freunde gefunden. Er leidet aber daran, dass er durch den schweren Unfall in Frankreich sein Erinnerungsvermögen teilweise verloren hat. Und nicht minder bedrückt ihn, dass er keine Chance sieht, vom Alkohol wegzukommen…

Manfred W.
Jahrgang 1958
Werkstatt
Seit 2005 im St. Antoniusheim

„Hier ist alles paletti"

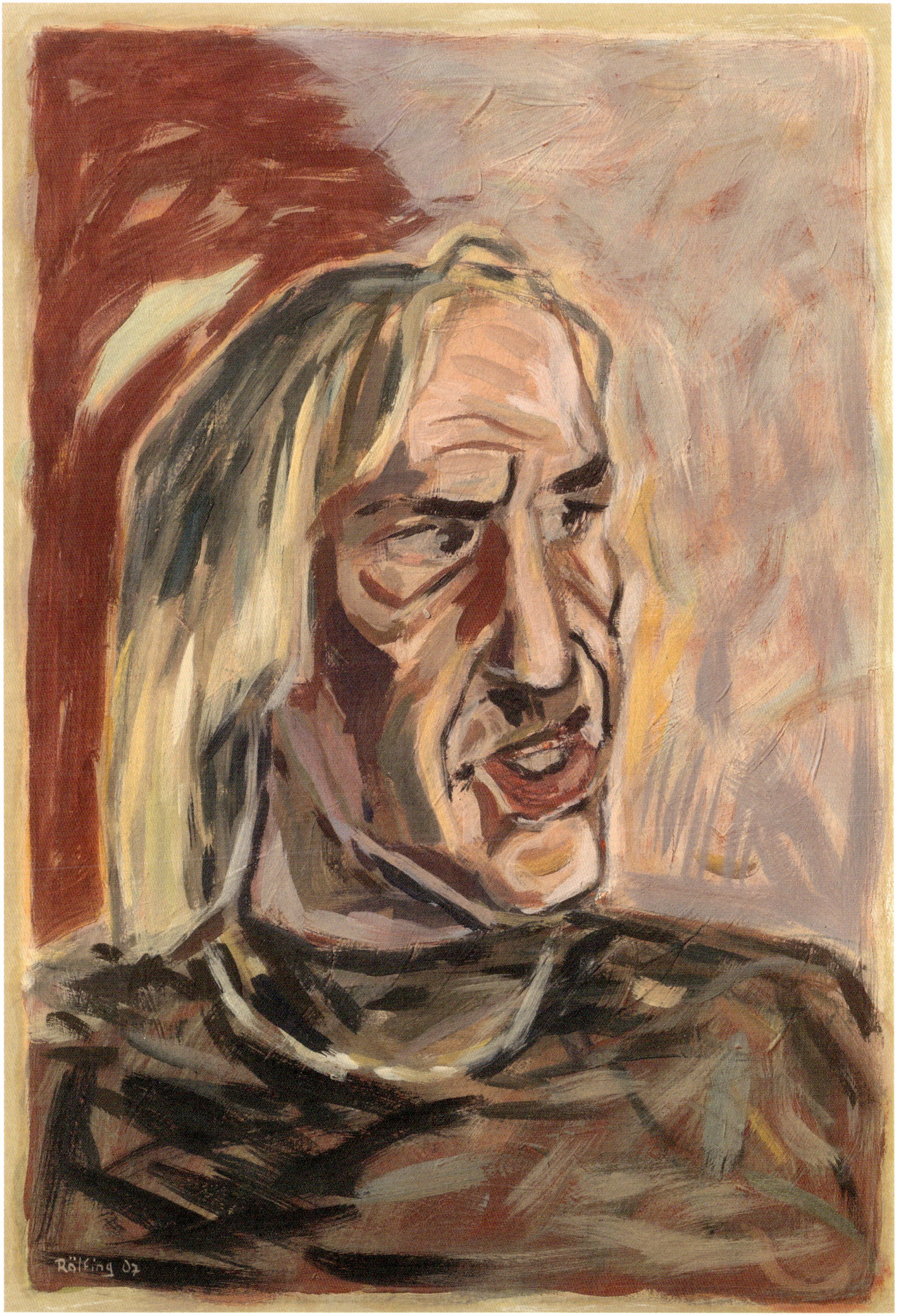
Rölting 07

Einmal gefragt, ist der Redefluss kaum noch zu stoppen: Manfred W. weiß um diese Schwäche, die eigentlich wohl ein Teil seiner Krankheit ist. Nicht nur den Alkohol, auch fast alle Arten anderer Drogen kennt der fast 50-jährige Sohn eines Bergmanns aus Duisburg-Walsum, wie er freimütig gesteht.

Nach dem Hauptschulabschluss begann er eine Lehre als Betriebsschlosser bei Babcock, legte aber nicht die Gesellenprüfung ab und arbeitete als angelernter Betriebsschlosser weiter. Weil er außer Alkohol auch LSD konsumiert hatte, wurde Manfred W. 1978 psychisch krank. Er leidet seitdem unter Schizophrenie, muss dagegen ständig Tabletten nehmen. Nach einer Entziehungskur in Bedburg-Hau hat er seit 1983 – „in diesem Jahr habe ich mir den letzten Schuss gesetzt" – in einer Papierfabrik als angelernter Schlosser wieder gearbeitet. Nach der Kündigung war er dann für etwa vier Jahre in einer Werkstatt für Behinderte, später arbeitete er in einer weiteren Behindertenwerkstatt in der Gartengruppe. 1996 starb seine Mutter, im Jahr 2000 sein Vater. Zu dieser Zeit lebte er im Haus der Eltern und sprach dem Alkohol im Übermaß zu.

Es folgten neun Monate Aufenthalt in einer psychiatrischen Klinik, dann wurde er in eine Arbeiterkolonie nach Wesel vermittelt. Von dort führte ihn im August 2005 der Weg ins Antoniusheim nach

Vreden. Hier war Manfred W. zwei Jahre lang in der Werkstatt tätig, bis man ihn dann mit Reinigungsarbeiten in der gesamten Anlage beauftragte. Sein Zwischenfazit: „Ich mache keinen Mist hier, alles ist paletti". Mit Freunden hat er in der Vergangenheit immer wieder schlechte Erfahrungen gemacht – „es waren oft die Falschen, die ich mir ausgesucht habe."

Manfred W. hat die Vorstellung, nach weiteren drei bis fünf Jahren im Antoniusheim nach Berlin zu ziehen. Denn dort hat er viele Bekannte, weil er in der Hauptstadt zwei Jahre gewohnt hat. Bis dahin aber wird er sich noch so manche Zigarette drehen und viel Musik hören…

Werner W.
Jahrgang 1948
Recycling
Seit 2000 im St. Antoniusheim

„Leben wie die Prominenz"

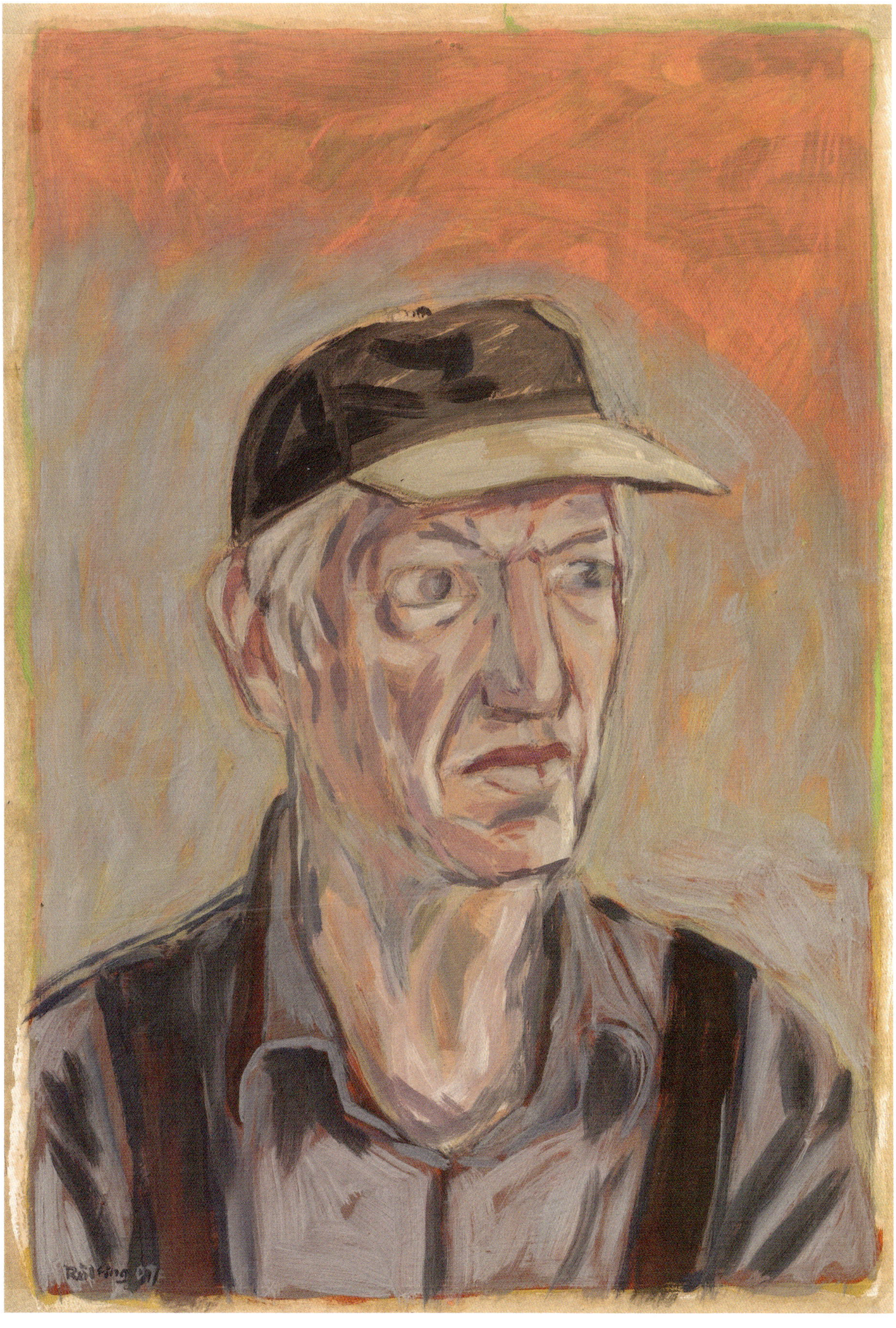

„LEBEN WIE DIE PROMINENZ"

Wenn Werner W. aus seinem bisherigen Leben erzählt, dann ist das unterhaltsam, aber auch aufrüttelnd zugleich. Denn der gebürtige Seppenrader hat Erlebnisse hinter sich, die er sich als junger Mensch wohl nicht hat träumen lassen. Nach dem Volksschulabschluss vermittelte ihn sein Vater bei den Chemischen Werken Hüls einen Job, den er zunächst ohne Lehre antreten konnte. Dann aber machte Werner W. seinen Chemiefacharbeiter und arbeitete 23 Jahre im Wechselschichtdienst.

Der erste tiefe Einschnitt in seinem Leben war 1980 der Tod der Mutter. Der Vater erlag vier Jahre später einem Schlaganfall. Zu dieser Zeit wohnte Werner W. noch bei seinen Eltern. Damals profitierte er von der Rente des Vaters und den guten Ersparnissen der Eltern. Deshalb wollte er leben wie die Prominenz: Er machte sich chic, ging auf Reisen und gönnte sich manchen guten (und auch harten) Tropfen. Das führte nicht nur zur Kündigung seines Arbeitgebers, sondern endete in einer einjährigen Entziehungskur in der Bernhard-Salzmann-Klinik in Gütersloh. „Das hat geholfen", erinnert er sich heute. Nach der Rückkehr mied er den Alkohol. Und deswegen trennte er sich nach vierjähriger Ehe von seiner Frau, weil sie mit dem Trinken begonnen hatte.

Doch der überwundenen Alkoholsucht folgte die Spielsucht. Werner W. verspielte sein Geld in Casinos, konnte die Miete nicht mehr bezahlen und brauchte dringend einen neuen Job. Den fand er in einem „Club" in Stadtlohn, wohin er durch Zufall (und die Kneipenbekanntschaft mit einer Bardame) gekommen war. Fünf Jahre lang fungierte er als „Hausmeister". Als es einen Besitzerwechsel gab, war das auch das Ende des „Mannes für alle Fälle". Werner, der auf einem riesigen Schuldenberg saß, landete schließlich beim Sozialamt, das ihn an das St. Antoniusheim verwies.

Hier hat er nun seit über acht Jahren eine feste Bleibe. Über die Stationen Küche und Werkstatt landete er beim Recycling, für das er seit fünf Jahren auf dem gesamten Gelände zuständig ist. Trotz allem: „Man hat etwas gehabt vom Leben", meint der bald 60-jährige Seppenrader.

Die Vredener Porträts

Porträtiert zu werden, heißt gesehen zu werden. Nicht flüchtig und beiläufig, sondern bewusst und mit Zeit. Der Porträtierte rückt ins Zentrum einer intensiven Wahrnehmung.

Warum haben sich so viele Bewohner der Kolonie von Vreden darauf eingelassen? Auf Nachfrage erhielt ich interessante Antworten. Da war schlichte Neugierde oder der Wunsch, wem das Bild oder das Foto davon schenken zu wollen und erstaunlich häufig in früheren Tagen die Begegnung mit einem Künstler, die Aufgeschlossenheit diesem Tun gegenüber zur Folge hatte.

Was die meisten Menschen in der Kolonie kennzeichnet, ist sicher die Wucht des erlebten Schicksals. Die Lebensumstände haben von außen und innen an dem Gesicht gemeißelt, so dass der Formensprache des Gesichtes eine besondere Aussagekraft zugewachsen ist. Sie ist sprechend. Das hat mich beim Malen der Porträts beflügelt und hat es mir leicht gemacht.

Ich habe nie mit vorgefasster Intention einen bestimmten Ausdruck des vor mir sitzenden Modells herausarbeiten wollen. Ich habe mich immer auf das Einmalige der Situation eingelassen. Mal musste ich kämpfen, dass mein Bild sich dem Modell vor mir annäherte, mal gelang es mir flüssig vom ersten Pinselstrich an. Ich folgte den Kraft-

und Spannungsverhältnissen in dem Gesicht. Ich sah, wie das Licht die Formen des Gesichtes freilegte, wie bestimmte Farben den Charakter des Gesichtes zu fassen in der Lage waren. Ich war der Spiegel, der in sich den aufgefangenen Eindruck des Modells Gestalt werden ließ, ehrlich und liebevoll.

Die äußeren Abläufe bei den Porträtsitzungen spielten sich schnell ein. Am Anfang stand in der Regel ein kleines Gespräch um einen ersten Eindruck voneinander zu bekommen. Wahrend des Malens wurde nicht geredet, wohl aber in den ausgiebigen Rauchpausen, in denen die Gesichtsmuskeln des Modells und mein Auge sich entspannen konnten. Die Sitzungen dauerten ungefähr 2 Stunden, eine lange Zeit, wenn man still zu sitzen hat. Meine Konzentration wurde meist mit großer Ernsthaftigkeit und Präsenz auf Seiten des Modells beantwortet.

Ein besonderer Moment war es dann, wenn ich das fertige Bild umgewendet habe und der Porträtierte es zum ersten Mal sah. Oft war da ein zustimmendes Wiedererkennen, ein befreites, bestätigendes Auflachen, ein versonnenes Hineinblicken, selten eine Irritation.
Die schönste Rückmeldung nach dem Malen war folgende: „Da haben wir aber beide was gewagt."

Ulrich Rölfing

Frappierende Offenheit

Woran mag es gelegen haben, dass die befragten Kolonisten mir, dem ihnen völlig unbekannten Interviewer, so frappierend offen waren? Sicher, die Gespräche fanden im Dienstzimmer des Hausgeistlichen statt. Aber von Beichtstuhl-Atmosphäre war nie eine Spur. Bei Kaffee, Saft und Wasser sowie einer gut gefüllten Plätzchenschüssel entwickelte sich sehr schnell – und für mich überraschend – ein Vertrauensverhältnis, das ich so nicht erwartet hatte.

Für manchen war es, wie er zugab, eine Premiere, von einem Journalisten befragt zu werden. Und es lag wohl daran, dass die Gespräche als Interviews angekündigt waren. Der Verdacht eines Verhörs kam nie auf. Und oft genug entstand auch dadurch eine angenehme Atmosphäre, weil auch ich einige persönliche Aspekte und Erfahrungen meines Lebens in das Gespräch einbrachte. Aus diesem gegenseitigen Respekt entwickelte sich ein Interview, das von mir nur in schriftlichen Notizen festgehalten wurde. Das eigentlich vorgesehene Tonbandgerät blieb während aller Interviews unbenutzt.

Die unterschiedlichen Lebensgeschichten der Kolonisten – aus der persönlichen Chronologie der Ereignisse entwickelt – haben, trotz aller Individualität, einige immer wiederkehrende Merkmale: Teilweise früher Kontakt mit dem Alkohol, familiäre Probleme in der Jugend oder in späteren Ehejahren, Scheidung bzw. Trennung, Arbeits-

und Obdachlosigkeit. Dazu die notwendigen Entziehungskuren bei den Alkoholkranken und die später oft misslungene Rückkehr in ein „normales" Leben.

Aber auch das zog sich wie ein roter Faden durch die Gespräche: Die entscheidende Weichenstellung durch Betreuer, die die Betroffenen am Ende in das St. Antoniusheim in Vreden brachte. Die Einrichtung mit ihrem einfühlsamen Personal, die sinnvolle Beschäftigung, der notwendige Rahmen eines geregelten Tagesablaufs und die Unterbringung in ansprechenden Zimmern – das alles sorgt offenkundig für Geborgenheit, ein Sich-Zuhause-Fühlen. Verständlich, wenn einige der jungen Kolonisten das Antoniusheim nicht als „Endstation" betrachten, weil sie immer noch die Hoffnung und (hoffentlich auch) den Willen haben, einen Neuanfang zu schaffen. Ebenso verständlich der Wunsch bei den Älteren, nach oft vielen gescheiterten Anläufen einer Rückkehr in das so genannte „normales Leben", hier nun mit sich ins Reine zu kommen. Sie akzeptieren ihren Aufenthalt im Antoniusheim als ein Stück neu gewonnner Lebensqualität, weil sie sinnvoller Arbeit nachgehen und Anregungen für die Gestaltung der Freizeit bekommen. Wie sagte ein 63-jähriger Kolonist: „ Ich kann nur jedem raten, sich um die Unterbringung in einer Einrichtung wie dem Antoniusheim zu bemühen". Der Mann weiß, wovon er spricht…

Reimar Bage

Die Autoren

Ulrich Rölfing lebt und arbeitet als Bildhauer und Maler in Hamburg. Sein künstlerischer Werdegang begann 1979 in Florenz, wo er durch dem italienischen Bildhauer Raimondo Puccinelli in die Bildhauerei eingeführt wurde. Es folgte ein Studium der Kunstgeschichte und Philosophie an der Universität Bochum und ein Kunststudium in Wien.
Durch zahlreiche Ausstellungen im In- und Ausland und durch seine Werke im öffentlichen Raum ist seine Kunst vielfältig präsent. Ulrich Rölfing ist Stipendiat der Malschule Weimar, der Otto Flath Stiftung und der Stadt La Rochelle (Frankreich).

Reimar Bage, 1944 in Swinemünde geboren, und seit dem zweiten Lebensjahr in Westfalen aufgewachsen, begann seine journalistische Laufbahn bereits im 14. Lebensjahr als freier Mitarbeiter der „Westfälischen Nachrichten" (WN) in Münster. Nach Abitur und Bundeswehr folgten 1966 das Volontariat und weitere Stationen als Redakteur in der Zentralredaktion und als Leiter der Redaktion Warendorf. Es folgte ein etwas mehr als vierjähriges „Gastspiel" als Pressesprecher beim Kreis Steinfurt, von dort kehrte er 1984 zu den WN zurück und wurde 1986 stellvertretender Chefredakteur. Diese Position bekleidete er bis zum Ausscheiden aus dem aktiven Dienst am 30.6.2005. Seitdem ist der in Steinfurt beheimatete Journalist freiberuflich tätig.